AF509879

L'AISANCE GÉNÉRALE ET L'AGRICULTURE

PAR

RÉROLLE

ANCIEN INGÉNIEUR-DIRECTEUR DU MARAIS D'ORX.

OLORON

TYPOGRAPHIE M. MARQUE.

1876

L'AISANCE GÉNÉRALE

ET L'AGRICULTURE

PAR

RÉROLLE

ANCIEN INGÉNIEUR-DIRECTEUR DU MARAIS D'ORX.

OLORON, IMPRIMERIE DE M. MARQUE.

AVIS

Les terribles inondations du Sud-Ouest, et l'impossibilité où l'on est généralement d'appliquer aux vignes, même à celles situées près de nos grands fleuves, la submersion, seul remède véritablement efficace contre le Phylloxera, ont montré que relativement au régime des eaux, tout n'était pas en France pour le mieux, dans le meilleur des mondes; on s'est demandé s'il n'y aurait pas quelque chose à faire. Comme depuis plus de vingt ans nous ne cessons de réclamer l'aménagement général des eaux de France, nous voulons encore donner une preuve de fidélité à notre vieux drapeau en disant sommairement pourquoi cette grande opération nous paraît d'un intérêt capital et comment on peut l'exécuter.

L'Aisance générale & l'Agriculture

SOMMAIRE.

I Pas d'aisance générale en France, sans une augmentation importante et progressive dans notre production, en froment, substances animalisées et vin.

II. Pas d'augmentation importante et progressive dans notre production en froment, substances animalisées et vin, sans l'emploi, sur une vaste échelle, d'engrais tirés de l'industrie et surtout des eaux.

III. Pas d'emploi, sur une vaste échelle, des engrais de l'industrie et des eaux, sans l'aménagement général des eaux de France et une institution de crédit agricole.

IV. Exécution de l'aménagement général des eaux de France avec le concours pécuniaire de l'Etat.

V Création de l'aménagement général des eaux de France et d'une institution de crédit agricole, sans le concours pécuniaire de l'Etat, au moyen d'une société générale d'assurances, prêts et travaux agricoles.

I

Pas d'aisance générale en France, sans une augmentation importante et progressive dans notre production, en froment, substances animalisées et vin.

Pour acquérir sous le climat de la France toute la vigueur de corps et d'esprit dont il est susceptible, l'homme a besoin d'une alimentation dans laquelle entrent, comme base essentielle, le pain de froment, une substance animalisée, telle que viande, œuf, lait, fromage, poisson etc...., une boisson fermentée telle que vin, bière ou cidre. Une famille est dans l'aisance, lorsque, par un travail énergique sans être excessif, et de l'économie, elle peut se procurer d'une manière permanente et régulière une telle alimentation en quantité suffisante, en même temps qu'une habitation salubre, des vêtements simples mais bons et quelques autres ressources nécessaires à une existence modeste. Cette aisance est l'objet des désirs de l'homme tant qu'il ne la possède pas, elle est un besoin de sa nature parce que, sans elle, il ne peut pas atteindre tout le développement que le créateur lui a assigné. C'est cette aisance que la France peut, *avec le temps,* donner à tous ses enfants travailleurs et économes; c'est de cette aisance dont nous allons parler.

Pour que chaque français consomme le froment, la matière animalisée et la boisson que nous regardons comme nécessaires à une existence vigoureuse, il faut évidemment que la France puisse se procurer d'une manière permanente et régulière, ces substances alimentaires en quantité au moins égale à la consommation. Pour qu'il en soit ainsi, il faut qu'elle *les produise elle-même ur son propre sol.*

Cette nécessité pour l'agriculture française de

il y a des publicistes qui croient qu'en présence
du grand développement de la culture du blé, en
Russie, aux Etats-Unis. en Australie. en Californie,
etc.... la France doit substituer dans sa culture,
l'herbe et la vigne aux grains, en laissant le soin
aux nations étrangères de lui donner le froment;
c'est-à-dire, ce qui est, ce qui doit être la base principale de son alimentation ; mais ces publicistes ont-
ils pensé aux dures privations qu'il nous faudrait
endurer s'il plaisait à nos fournisseurs de cesser
leurs envois, ou si une guerre interceptait les moyens
de communication? Le jour où la France ne pourrait plus se nourrir elle-même, elle serait sans force
devant ses ennemis ; elle tremblerait au seul nom
de guerre, car il serait associé à celui de famine;
on pourrait l'insulter sans qu'elle ose tirer son épée
retenue dans le fourreau par la main hideuse de
la faim, sa voix n'aurait plus de poids dans les
conseils des nations ; jamais nous n'accepterons pour
notre pays une telle situation. Ce qu'il faut craindre, ce qu'il faut empêcher en venant en aide à
l'agriculture par des mesures puissantes, c'est que
les cultivateurs aient intérêt à diminuer, sur leurs
terres, la production des céréales pour y dévelop-
per l'herbe et la vigne à leur détriment. Comment
ceux qui conseillent à la France de restreindre la
production de ses grains ne voient-ils pas que,
si les pays à vastes étendues encore incultes, la

Russie, les Etats-Unis, l'Australie, etc., peuvent nous fournir du blé à meilleur marché que celui que nous produisons aujourd'hui, ils pourront bientôt sans doute, avec les chemins de fer, avec les perfectionnements de la navigation et des procédés de conservation, nous donner également la viande à meilleur marché que celle fournie par nos animaux ? Comment ne voient-ils pas que tout près de nous, l'Espagne et l'Italie peuvent faire avantageusement concurrence à nos vins ? Il n'y a qu'un moyen vraiment efficace, en dehors des droits protecteurs, d'empêcher l'importation des produits agricoles, c'est de perfectionner nos moyens de production, pour obtenir nos denrées alimentaires à un prix plus faible que celui auquel l'étranger peut les donner sur nos marchés; et où s'arrêterait la diminution dans la production nationale, si une fois on avait admis que la culture des céréales doit céder le pas à celle de la vigne et des herbages ? Que deviendrait la France ? Elle serait obligée de se transformer en un pays industriel ne produisant pas sa subsistance ; sa fin ne serait pas éloignée ; d'une part, la fertilité aujourd'hui si grande des pays nouveaux qui exportent du grain en Europe diminuera graduellement, comme on le constate déjà en Amérique ; d'autre part, leur population ira en se développant rapidement, car à côté d'un sac de blé naît un homme ; la main-d'œuvre augmentera de prix ; l'équilibre s'établira entre la production et la consommation des céréales ; l'exportation cessera peu à peu.

et alors, la France, quelle que soit l'abondance de ses produits industriels, ne pourra pas assez produire pour acheter son pain qu'on lui vendra aussi cher qu'on voudra; la gêne, la misère arriveront; il faudra s'expatrier et la population diminuera jusqu'à ce qu'elle soit descendue au niveau de sa production alimentaire, réduite par une culture imprévoyante. Cette triste fin, on peut, on doit l'éviter en prenant les mesures nécessaires pour que la France tire de son propre sol la totalité du froment, des matières animalisées et du vin qu'elle consomme.

Malheureusement, cette condition capitale de l'aisance générale est loin d'être satisfaite dans l'état actuel de notre agriculture. Pour s'en convaincre il suffit de jeter un coup d'œil sur le régime alimentaire de la population française et sur son commerce de produits agricoles avec les nations étrangères: Dans les villes, la nourriture est généralement assez bonne, excepté chez les très-pauvres; mais quelle est l'alimentation de nos paysans? C'est à peine si la viande en fait partie; elle devrait y entrer en quantité bien plus grande; dans beaucoup de localités le seigle et le maïs remplacent le froment, et il existe même de vastes contrées, le Limousin, par exemple, où le pain de seigle est un objet de luxe et n'entre qu'en petite quantité dans la nourriture qui se compose surtout de chataignes, de pommes de terre et de sarrasin.

Mais peut-être si tant de Français sont mal nourris, est-ce parce que la France exporte en viande et en grains plus qu'elle n'importe? Pas le moins du monde;

la France achète aux puissances étrangères des grains et de la viande en plus grande quantité qu'elle ne leur en vend. Dans l'Etat actuel de l'agriculture française, nos récoltes de grains sont tantôt en excédant, tantôt en déficit sur les besoins du pays, mais depuis soixante ans il y a en moyenne un déficit annuel de plusieurs millions de francs qu'il faut faire venir de l'étranger. Nous achetons aussi chaque année, en moyenne, de nos voisins, des animaux de toutes sortes pour des millions de plus que nous ne leur en vendons.

Quant au vin qui devrait être la boisson fermentée, principale pour ne pas dire unique du peuple Français, il n'est que trop certain qu'il est très-rare dans beaucoup de ménages d'ouvriers et surtout de paysans ; la France ne produit pas, en moyenne cinquante millions d'hectolitres de vin, elle en consommerait facilement soixante millions d'hectolitres, sans compter qu'elle devrait en exporter beaucoup.

On est donc obligé de reconnaître avec confusion que le peuple Français, à l'heure qu'il est, n'est pas capable de tirer de son sol, c'est-à-dire du plus magnifique des sols, ce qu'il faut pour assurer son existence d'une manière convenable, ce qu'il faut pour se procurer une alimentation propre à lui donner tout le développement corporel, toute la beauté dont sa race est susceptible.

Ainsi donc pas d'aisance générale si l'agriculture n'augmente pas, dans une forte proportion, sa production, en froment, matières animalisées et vin, puisqu'aujourd'hui la France ne produit pas ce qu'elle consommerait si chacun avait l'aisance.

L'augmentation de la production agricole est sans contredit la condition capitale de l'aisance générale; si elle n'est pas suffisante, si elle doit être accompagnée d'autres conditions relatives au travail, aux salaires, à l'instruction, à l'éducation, à la politique, elle est d'une nécessité absolue, on ne saurait le dire trop haut; il est bon que tout le monde le sache; ouvriers des champs, ouvriers des villes, grands et petits commerçants, grands et petits industriels, grands et petits fonctionnaires, hommes de robe et hommes d'épée, ignorants et savants, riches et pauvres, nous avons tous le plus grand intérêt à voir l'aisance devenir le partage de ceux qui voudront se donner la peine de travailler et d'économiser, n'oublions donc pas que pour avoir le bien-être il faut nécessairement favoriser notre agriculture, qu'il faut lui faire produire, en beaucoup plus grande quantité qu'aujourd'hui, le froment, les substances animalisées, le vin; que c'est là une condition sans laquelle l'aisance générale ne saurait exister d'une manière assurée, permanente, quelle que soit la perfection du gouvernement, quelle que soit la bonté des lois, quelle que soit la prospérité de l'industrie et du commerce, quels que soient la grandeur et l'éclat de nos succès guerriers, scientifiques et littéraires.

II.

Pas d'augmentation importante et progressive
dans notre production en froment, substances
animalisées et vin, sans l'emploi, sur une vaste
échelle, d'engrais tirés de l'industrie et surtout
des eaux.

Pour acquérir l'aisance générale, le peuple Français
doit, avons-nous vu, augmenter dans une forte proportion sa production, en froment, substances animalisées et vin ; cette augmentation est non-seulement
nécessaire, mais il faut encore : 1° qu'elle aille en
croissant à mesure que la population deviendra plus
grande ; 2° que les produits obtenus, tout en donnant
des bénéfices raisonnables à nos cultivateurs, puissent
se vendre à un prix assez bas pour que la concurrence
étrangère ne soit pas à craindre. Mais est-ce possible
va-t-on s'écrier ? Nous n'hésitons pas à répondre oui,
avec le temps, des mesures énergiques et l'instruction
agricole. En effet, le rendement de l'hectare cultivé
en froment est en France de quatorze hectolitres
en moyenne. Mais on voit tous les jours, et sur
tous les points de notre territoire, quelques propriétaires atteindre un rendement de 40, de 50 hectolitres et même plus à l'hectare, et cela, tout simplement,
en cultivant bien des terres naturellement très-fertiles
ou rendues telles par des engrais abondants, alors le
blé ne revient guère qu'à dix francs l'hectolitre, prix
inférieur d'au moins cinq francs au prix de revient du
blé étranger dans nos ports de mer : c'est donc à de

tels rendements qu'il faut parvenir; avec une production de quarante hectolitres à l'hectare qu'on atteint presque dans le nord de la France et qu'on peut raisonnablement espérer obtenir sur tous les points du territoire, il suffirait de trois millions d'hectares pour fournir tout le froment nécessaire à la population actuelle; or la France possède vingt-cinq millions d'hectares labourables, ce n'est donc pas l'espace qui lui manque pour produire son froment; ce qui lui fait défaut, c'est l'engrais. Eh bien ! l'industrie d'un côté et les cours d'eau de l'autre peuvent lui fournir tout l'engrais dont elle aura besoin. L'industrie des engrais offre en effet des ressources immenses en phosphate de chaux, en potasse, en chaux, en produits ammoniacaux, etc., c'est-à-dire en engrais les plus rares, mais ce sont surtout les cours d'eau qui sont appelés à assurer la prospérité de notre agriculture; ils entraînent à la mer des masses énormes de principes fertilisants à l'état solide, à l'état liquide et à l'état gazeux; si ces éléments de fécondité étaient retenus sur les terres par l'emploi intelligent des eaux, on verrait la fertilité de nos champs s'accroître chaque année, puisque les engrais apportés sur la terre par la pluie s'accumuleraient tous les ans dans notre sol, puisqu'à ces éléments de fertilité s'ajouteraient ceux qui, contenus dans la terre à l'état non assimilable, passent à l'état assimilable sous l'action des labours, de l'atmosphère et de la culture, et que tous ces principes féconds ne se perdraient plus comme aujourd'hui dans nos fleuves. Ainsi donc, non-

seulement le supplément d'engrais nécessaire à l'augmentation de la production du froment pourrait être
facilement tiré soit de l'industrie, soit des eaux, mais
encore la fertilité de nos terres pourrait aller en croissant chaque année, par suite, la production de la nourriture destinée aux animaux de nos fermes pourrait
être augmentée de plus en plus et avec elle la masse
des matières animalisées.

Il n'y a pas d'ailleurs à craindre que la surface de
la France soit trop petite pour produire l'alimentation
des animaux qu'il faudrait ajouter à ceux que nous
possédons ; en effet, en France, chaque personne consomme par an, à peu près, en moyenne, trente kilogrammes de viande ou l'équivalent en matières animalisées tels que lait, fromage, œufs, etc. A Paris
chaque habitant en consomme 95 kilogrammes, c'est-
à-dire trois fois plus que la moyenne ; ce chiffre paraît
largement suffisant et peut même être diminué comme
moyenne de toute la France ; pour les ouvriers des
champs, qui, à raison de leur vie active, peuvent
très-bien digérer les pois, les haricots, les lentilles
etc., aliments très-nourissants, la ration animalisée
peut être moindre que pour les ouvriers des villes, surtout avec du bon pain de froment, il semble que chaque individu aurait assez, en moyenne, de 70 kilogrammes par an, c'est donc environ un milliard et
demi de kilogrammes de viande ou l'équivalent en
produits animalisés, à livrer à la consommation de
plus qu'actuellement, ce qui correspond sensible-
ment à une augmentation annuelle de trois milliards

de kilogrammes en poids vivant. Or on peut admettre que 100 kilogrammes de foin sec produisent sept kilogrammes de poids vivant et qu'avec l'irrigation et beaucoup d'engrais on obtiendra à l'hectare 10,000 kilogrammes de foin sec ou l'équivalent, en grains, tubercules, légumineuses, etc... Il suffira donc de quatre millions d'hectares environ pour produire le supplément de substances animalisées que nous regardons comme indispensable. Si à ce chiffre on ajoute les huit millions d'hectares qui sont nécessaires pour les vingt millions de têtes de gros bétail, ou l'équivalent en autres animaux que possède la France, on arrive à cette conclusion consolante qu'avec trois millions d'hectares pour son froment, et douze millions d'hectares pour ses animaux de diverses sortes, en tout quinze millions d'hectares, la France pourrait avoir assez de froment et de matières animalisées pour chacun de ses habitants, et comme son territoire est de 53 millions d'hectares sur lesquels plus de trente millions sont en prés ou en terres labourées, sans compter les vignes, on voit que la France peut non-seulement vivre heureuse, mais encore doubler sa population sans éprouver le besoin de l'émigration, sans avoir recours même à l'Algérie pour sa subsistance.

Ainsi donc la France pourra nourrir tous les animaux qui lui seront nécessaires ; mais quelle sera l'alimentation de ces animaux ? Devra-t-elle se composer presqu'exclusivement de fourrage, ou devra-t-elle contenir une grande quantité de céréales et de tubercules ? La question est importante et sa solution

peut avoir une grande influence sur l'aisance générale.

Les animaux jouent un double rôle dans l'alimentation d'un peuple, ils fournissent directement une
partie importante de cette alimentation et ils peuvent
servir à la régulariser ; il suffit pour cela de faire
entrer dans la nourriture des animaux, en proportion
notable, les grains, les légumineuses et les tubercules. Les années d'abondance on augmentera le
nombre des animaux, ou au moins leur ration , les
années de mauvaise récolte on diminuera le nombre
des animaux dont la chair servira de nourriture à
l'homme, qui aura en outre à consommer les grains
et les tubercules dont ces animaux auraient dû se
nourrir ; ainsi donc il faudra autant que les besoins
de la culture et les conditions économiques de l'exploitation le permettent, élever des animaux se nou-
rissant principalement de farineux et de tubercules ,
tels que les porcs, et faire entrer ces farineux et ces
tubercules, autant que possible, dans l'alimentation
des autres animaux, qui tous s'en trouveront très-bien,
si on sait le faire suivant les prescriptions de la zoo-
technie.

Nul doute donc, pour nous, que la nation Française ne soit pas condamnée à végéter éternellement
dans les privations : si à l'heure qu'il est, elle ne sait
pas se procurer une subsistance convenable, si elle
subit encore trop souvent des disettes qui la font
passer par les plus douloureuses épreuves, cela ne
veut pas dire qu'il en sera toujours ainsi, la science

agricole permet d'assurer qu'il peut en être autrement ; mais la science démontre en même temps que ce n'est pas du jour au lendemain que notre pays pourra donner l'aisance à tous ses enfants ; il la donnera progressivement, à mesure que la production agricole augmentera et avec d'autant plus de rapidité qu'on emploiera sur une plus grande échelle les engrais tirés de l'industrie et surtout des eaux ; c'est là, selon nous, non-seulement un moyen certain d'augmenter notablement la production des substances alimentaires, mais le seul qui puisse donner cette augmentation d'une manière régulière, progressive et rémunératrice ; en effet, quel procédé agricole pourrait nous la procurer ? Est-ce le défrichement des landes ? Mais toutes ces terres, ou à peu près toutes ces terres sont naturellement impropres à la production du froment ; pour leur faire donner cette céréale à bon marché, il faudrait non-seulement les soumettre à une culture très-intelligente mais leur ajouter des engrais venus du dehors, des engrais industriels tels que phosphates de chaux, chaux, etc., etc. Le défrichement sans addition de principes fertilisants serait un mauvais moyen de produire un supplément de substances alimentaires ; ce supplément serait-il obtenu par des défoncements profonds, des machines ameublissant parfaitement le sol, par des plantes à longues et puissantes racines, telles que la luzerne et le trèfle, allant chercher les éléments nutritifs du soussol, pour les donner sous forme de débris ou de

fumier aux couches superficielles où végète le froment? L'emploi de ces divers moyens est assurément
excellent dans beaucoup de circonstances, il peut
même augmenter la production dans une forte proportion en plaçant les plantes dans de bonnes conditions de végétation et en mettant à leur disposition une plus grande masse de principes nutritifs; ces
procédés de culture ont même la propriété, dans certains cas, de faire croître la masse de récoltes très-
rapidement et si le cultivateur sait ménager les principes fertilisants qu'ils mettent à sa disposition, il peut
maintenir pendant longtemps la beauté de ses récoltes; mais comme dans toute exploitation agricole on
exporte, sous forme de viande, lait, grains, graines,
peaux, os, œufs, laines, etc..., une masse de principes
fertilisants, qui, pour certains d'entre eux, dépasse de
beaucoup ce qu'en apportent les pluies annuelles sur
cette exploitation, il est clair qu'à la longue la terre
finira par s'épuiser si on ne fait aucun apport d'engrais de provenance étrangère; par suite, l'augmentation de produits qu'on avait d'abord obtenue
deviendra stationnaire, puis disparaitra, tandis qu'avec
des engrais industriels et surtout l'utilisation des eaux,
on est certain de voir la fertilité des terres et avec elle
la production alimentaire progresser sans cesse et
suffire à l'aisance générale.

Quant à la production du vin, elle peut facilement
être augmentée; on pourra lui consacrer de nouvelles
terres même des landes, mais il faudra pour obtenir
des produits largement rémunérateurs avoir recours,

tant pour les vignes nouvelles que pour les vignes anciennes, à l'emploi des engrais industriels ou des engrais provenant des eaux. soit directement par des inondations d'hiver, soit indirectement par la fumure. On peut donc dire sans crainte qu'on ne pourra obtenir une augmentation importante et progressive dans la production du froment, des matières animalisées et du vin que par l'emploi en grand d'engrais tirés soit de l'industrie soit des eaux.

J'entends bien des gens s'écrier que, dès que le nombre des animaux sera augmenté considérablement, il ne sera pas difficile, avec l'engrais qu'ils produiront, d'avoir du froment et du vin en quantité suffisante; ils ont raison, mais il faut pouvoir élever les animaux, et pour cela il ne faut pas perdre de vue que si la plupart des plantes consommées par les herbivores ont la propriété de puiser une portion de leurs éléments dans l'air, elles en prennent forcément une partie dans la terre et que c'est surtout cette dernière partie qu'il faut donner à ces plantes par l'irrigation et le limonage ; ce sont les prairies irriguées, ce sont les cultures de maïs, de tubercules, de légumineuses, de céréales, faites dans des champs inondés pendant l'hiver, qui permettront de prendre aux eaux les principes fécondants qu'elles entraînent, et de les transformer d'abord en plantes, puis au moyen des herbivores, partie en substances animalisées, partie en engrais ; ces derniers à leur tour donneront les céréales, le vin, les légumes, etc.. corps organisés que la nutrition de l'homme et des animaux rendra à l'air, à l'eau et au tas de fumier, pour être de nouveau transformés en plantes et recommencer indéfiniment à donner une production allant toujours en croissant si on ne laisse pas les cours d'eau porter à la mer les engrais minéraux que l'air ne saurait fournir. Par la pluie, qui contient des engrais minéraux et par l'action du temps et de l'atmosphère sur le sol qui met chaque jour de nouveaux éléments nutritifs à la disposition des plantes, le créateur nous a donné le moyen d'augmenter un peu chaque année la masse de notre nourriture et par suite notre population, c'est à nous de profiter des moyens d'existence qu'il met à notre disposition.

III

Pas d'emploi en grand des engrais de l'industrie et des eaux sans l'aménagement général des eaux de France et une institution de crédit.

Tous ceux qui ont étudié la question des eaux en France savent qu'il est bien difficile sinon impossible pour un particulier, à moins qu'il ne soit très-grand propriétaire, de tirer profit des eaux qui bordent ou traversent son héritage, et que les travaux d'irrigation sont très-rares quoique leur utilité soit incontestée, c'est que la division de la propriété, l'incertitude sur le droit à l'usage des eaux, les formalités de toutes sortes à remplir pour mener à bien une dérivation sont des obstacles à peu près invincibles pour des particuliers ; ce n'est donc pas d'efforts isolés qu'il faut attendre l'emploi en grand des engrais provenant des eaux, on ne saurait l'espérer que d'un ensemble de travaux entrepris sur une vaste échell , c'est-à-dire, en définitif, de l'aménagement général des eaux de France ; c'est là une entreprise considérable dont assurément les bienfaits seront immenses, mais dont l'exécution présente de sérieuses difficultés, demande une étude approfondie et des mesures dont l'énergie et la grandeur soient en rapport avec le but à atteindre: l'aisance générale, comme nous l'avons vu.

L'aménagement des eaux de France doit en effet être conçue au point de vue

De l'irrigation,

Du limonage,

De la submersion des vignes,

De la distribution d'eau potable aux villes et aux campagnes,

Du colmatage,

De la sylviculture,

De la pisciculture,

De l'utilisation des eaux d'égout,

De la navigation,

De la création des forces motrices,

Des déssèchements,

Du drainage,

Et des inondations.

Ces divers travaux ne doivent pas être exécutés isolément, dans un but unique, parce que souvent ils coûteraient trop par rapport à ce qu'ils produiraient: si les travaux de navigation, par exemple, étaient exécutés uniquement pour la navigation, dans bien des cas ils paieraient difficilement l'intérêt et l'amortissement du capital nécessaire à leur exécution et à leur entretien ; si, au contraire, ils sont établis pour la navigation et en même temps pour la création de chutes, ou bien pour des travaux de dessèchements et de drainage, il devient facile de retrouver dans l'ensemble des services rendus par ces canaux, la juste rémunération du capital et du travail consacrés à leur création.

Dans bien des contrées on n'oserait entreprendre sérieusement de combattre le fléau des inondations, s'il fallait mettre à la charge de la défense tous les travaux dont elle profitera dans un bon aménagement des eaux, mais si les forêts paient les dérivations faites sur les flancs des montagnes élevées, si les pâturages et les prairies prennent à leur charge la retenue des eaux pluviales par des rigoles horizontales creusées sur les coteaux, si les réservoirs sont payés par la navigation, les arrosages et les usines, si une richesse agricole inestimable est créée par le limonage obtenu en détournant les eaux boueuses des terres cultivées pour les diriger sur de grandes surfaces incultes, ou pendant l'hiver sur les terres qui ne devront être cultivées qu'au printemps, oh ! alors, on peut entreprendre la lutte contre les inondations, et espérer sinon les faire disparaître, du moins voir leurs effets destructeurs considérablement amoindris.

Sans doute les bienfaits de l'irrigation sont assez grands pour qu'on l'entreprenne pour elle-même, mais pourquoi n'allégerait-on pas ses charges quand on peut le faire par un bon aménagement des eaux ?

Les agriculteurs éclairés sentent vivement sa nécessité;
ils savent bien que par l'arrosage les récoltes sont
plus assurées et les engrais mieux utilisés, ils savent
bien qu'en appliquant sur une vaste échelle les diverses méthodes d'irrigation on retiendra sur le sol
des masses énormes de principes fertilisants que les
cours d'eau entraînent à la mer en pure perte; ils
savent bien que la conservation continue des éléments
nutritifs, minéraux, organiques, gazeux, roulés par les
fleuves augmentera chaque jour la puissance productive
de la France qui, avec le régime actuel des eaux, va
très-probablement en diminuant sans cesse. Mais s'ils
connaissent tous ces bienfaits, ils n'ignorent pas ceux
de l'assèchement, de la navigation et de tous les autres
moyens d'utiliser les eaux, tandis qu'ils redoutent les
inondations et l'excès d'humidité, ils ne concevraient
pas un aménagement des eaux qui aurait un but res-
treint, il faut donc de toute nécessité que l'on fasse
pour le bassin hydrographique de chaque cours d'eau
un travail d'ensemble, sans perdre de vue un seul des
moyens d'utiliser les eaux et un seul des moyens de
combattre leurs effets nuisibles, et qu'on rattache,
autant que possible, la navigation d'un bassin à celle
des bassins voisins, de manière à relier entre eux
tous les bassins hydrographiques de nos fleuves.

Un tel aménagement des eaux exigera non-seulement de grands canaux d'amenée et d'évacuation
d'un intérêt général, mais encore de petits canaux,
des fossés, des rigoles sans nombre pour distribuer
l'eau aux champs, et enlever celle qui s'y trouvera

en excès. La dépense de ces derniers travaux sera forcément à la charge directe et personnelle des propriétaires ; cependant ils exigeront, à raison de leur nombre, des sommes considérables ; une institution de crédit est indispensoble pour fournir ces sommes à l'agriculture, car le Crédit foncier et le Crédit agricole ne lui ont pas rendu jusqu'ici les services qu'elle en attendait. C'est là sans doute un motif suffisant pour chercher à établir une institution de crédit agricole fonctionnant d'une manière efficace ; mais sans sortir de notre sujet nous en voyons encore une autre raison puissante ; nous avons établi que pour avoir l'aisance générale, la nation française était obligée d'augmenter sa production alimentaire dans une forte proportion, et que pour cela il était bon de joindre à l'aménagement des eaux l'emploi des engrais industriels, tels que les phosphates, les sels d'ammoniaque, de potasse, de chaux, etc. Eh bien ! pour se procurer ces engrais en abondance, l'agriculture a besoin de crédit, ses représentants les plus autorisés ne cessent de le répéter depuis longtemps. Ainsi donc il ne saurait être douteux que l'emploi en grand des engrais de l'industrie et des eaux, exige impérieusement l'aménagement général des eaux de France et une institution de crédit.

IV.

Exécution de l'aménagement général des eaux de France avec le concours pécuniaire de l'Etat.

L'exécution de l'aménagement général des eaux de

France est une grave question, son étude embrasse
non-seulement les travaux proprement dits, mais encore les moyens administratifs, législatifs, financiers
et mécaniques, de les exécuter et de les faire fonctionner dans de bonnes conditions.

Il n'entre pas dans notre pensée d'entreprendre ici
cette étude, elle nous entrainerait trop loin ; notre but
est seulement d'indiquer sommairement la marche
à suivre pour exécuter l'aménagement des eaux de
France, avec le concours pécuniaire de l'Etat; nous ré-
servant de montrer plus loin comment on pourrait le
créer sans ce concours.

Il ne faut pas songer à entreprendre l'aménagement
des eaux sur tous les points de la France à la fois,
il faut le commencer par le bassin hydrographique
d'un seul fleuve. Le choix de ce bassin doit être dé-
terminé par le désir des habitants de voir les travaux
exécutés, par les engagements qu'ils voudront prendre
pour utiliser l'eau, par les effets probables de l'opération, par les plus ou moins grandes chances d'avoir
de bons résultats, car il importe que ce premier travail
soit couronné de succès et qu'il ait une étendue suffisante pour éclairer les questions que soulèvera l'a-
ménagement des eaux de France.

Une fois le choix du bassin hydrographique fait, il
faudra s'assurer le concours des cultivateurs, recueillir
les nombreux renseignements qui devront servir de
guide, établir un programme bien étudié, puis aborder
le projet définitif de l'aménagement des eaux, son
exécution et son exploitation

Le concours des cultivateurs est, à nos yeux, d'une grande importance: quel que soit le mode employé pour exécuter l'aménagement des eaux, cet immense travail coûtera des sommes énormes, et pour trouver l'argent nécessaire à son exécution, il faudra évidemment offrir aux capitaux, avec la sécurité, un dividende équitablement rémunérateur, ce sont, en définitif, les agriculteurs qui devront fournir la plus grosse part de ce dividende, en échange de l'eau qu'on leur donnera pour l'arrosage, l'irrigation et le limonage. Sans doute, les chutes d'eau, la navigation, les dessèchements, etc.., procureront également des recettes, mais leurs produits seront peu importants par rapport à la vente des eaux à l'agriculture, dès lors il n'y a pas d'aménagement possible sur une vaste échelle si les agriculteurs ne voient pas clairement qu'ils ont un avantage assuré à acheter l'eau qu'on mettra à leur disposition ; le premier soin qu'il faut donc prendre, c'est de montrer aux cultivateurs les bons effets d'un emploi judicieux de l'eau en agriculture ; mais il n'y a qu'un moyen pratique, réellement efficace, d'éclairer les cultivateurs, c'est de leur montrer par des faits plutôt que par des raisonnements la bonté des mesures qu'on veut leur faire prendre, d'où nécessité de s'entendre avec un assez grand nombre d'agriculteurs du bassin hydrographique dont on voudra aménager les eaux, pour établir chez eux des cultures où l'emploi de l'eau se fera de manière à prouver d'une manière claire et irréfutable ses effets divers.

L'installation de ces cultures expérimentales devra

se faire sous la direction du ministère de l'agriculture et en partie, au moins, aux frais de l'Etat, dans l'hypothèse où nous nous plaçons du concours pécuniaire de l'état ; elle devra être disposée de manière à donner en même temps, des exemples à suivre et les renseignements indispensables à un bon aménagement des eaux.

Parmi les renseignements à recueillir doivent figurer en première ligne, pour chaque point du bassin hydrographique, la quantité d'eau nécessaire pour l'arrosage d'un hectare de terre, suivant la nature du terrain et celle des cultures ; l'effet du limon des divers cours d'eau suivant les saisons, suivant la composition des terrains, suivant l'état des eaux ; la connaissance des surfaces à consacrer aux forêts, aux pâturages, aux cultures, etc.

A ces connaissances fondamentales il faudra en ajouter d'autres sur le débit des cours d'eau aux diverses époques de l'année ; sur la quantité de pluie qui tombe aux divers points du bassin hydrographique étudié, sur la composition chimique des eaux de pluie et des divers cours d'eau, à l'étiage, pendant les crues, pendant les eaux ordinaires.

Bien peu de ces renseignements existent d'une manière complète et exacte, il faudra se les procurer avec un esprit d'ensemble, d'observation, de persévérance, et de contrôle qui exige que la direction de tout ce travail soit unique. En outre, à tous ces documents il faudra joindre les plans et les nivellements nécessaires pour dresser un avant-projet, ainsi que des renseignements exacts sur la composition géologique du bassin, sur ses ressources pour les travaux, sur le développement futur de son industrie, de son commerce, sur l'emploi probable des chutes et des canaux, etc.

Il faudra également, et c'est là un point capital, étudier les modifications à apporter à la législation sur les eaux, et provoquer même la création des lois qui paraîtront indispensables.

Quand tous ces documents seront réunis, quand on saura, d'après la nouvelle législation, dans quelles limites on peut disposer des eaux, on établira un programme de l'aménagement des eaux pour le bassin hydrographique étudié ; ce programme, fait pour plus de précision sous forme d'avant-projet, devra être surtout conçu au point de vue agricole ; il fut un temps où la justesse de cette assertion aurait pu paraître douteuse ; lorsque la navigation semblait appelée à jouer le premier rôle dans les transports, la question de navigation pouvait, dans certains esprits étrangers à l'agriculture, occuper le premier rang dans l'aménagement des eaux ; mais aujourd'hui que les chemins de fer sillonnent ou vont sillonner bientôt la France en tous les sens et très-rapprochés les uns des autres, aujourd'hui que le commerce, habitué à l'exactitude et à la promptitude du chemin de fer, s'éloigne de la navigation à cause de ses chômages dûs tantôt à la gelée, tantôt à l'entretien des canaux, etc...., il est clair que la question capitale de beaucoup la plus importante est la question agri-

cole ; aussi c'est avec l'aide de commissions locales,
choisies parmi les personnes les plus éclairées, les
plus intéressées, mais surtout parmi les agronomes
que le tracé des canaux, que l'emploi des eaux dans
chaque vallée devra être étudié, arrêté ; car qui serait
assez imprudent pour oser projeter un aménagement
des eaux sans le concours des cultivateurs dont les
propriétés seront si profondément modifiées par les
travaux, sans le concours des cultivateurs qui devront
employer et payer les eaux ? Mais si l'agriculture doit
avoir la plus grande place dans l'aménagement des
eaux cela ne veut pas dire que le commerce et l'industrie doivent être sacrifiés ; la navigation, la création des chutes, l'alimentation hydraulique des villes,
leur assainissement par l'utilisation des eaux d'égout
sont autant de bienfaits que leur procurera directement l'aménagement des eaux sans compter ceux
plus grands encore que leur donnera l'augmentation notable de la production des substances alimentaires.

L'aménagement des eaux doit donc être fait pour
les agriculteurs et avec leur concours, son avant-projet
devra même être soumis à l'examen des populations
intéressées pour connaitre leurs objections et leurs
vœux.

Quand l'avant-projet, œuvre principalement des
agriculteurs, aura été arrêté pour servir de programme
au projet définitif, il faudra aborder ce dernier. C'est
là que l'ingénieur devra intervenir pour donner aux
canaux et aux travaux d'art leurs formes dernières,

pour étudier les moyens les plus économiques d'exécuter les travaux, pour établir les prix, etc.

Le projet devra être approuvé par le Conseil général des Ponts et Chaussées ou mieux par un Conseil
spécial dans lequel. avec les ingénieurs de l'état
entreraient des commerçants, des industriels, des
agriculteurs et des représentants du ministère de
l'agriculture. Le projet définitif une fois adopté, il
faudra procéder à son exécution. L'Etat ne doit
pas songer à se charger seul de l'exécution de l'a_
ménagement des eaux ; il doit appeler à son aide une
ou plusieurs compagnies auxquelles il cèdera l'exécution et l'exploitation de l'aménagement des eaux
d'un ou de plusieurs bassins hydrographiques ; si
l'Etat voulait prendre à lui seul la charge de l'aménagement général des eaux de France il lui faudrait emprunter des milliards ; tandis qu'avec l'aide de compagnies concessionnaires, il lui suffira, pour assurer l'exécution de cette immense opération, d'une dépense
annuelle de quelques millions, pendant toute la durée
des travaux de l'aménagement des eaux et quelques
années après son achèvement. En effet, supposons
pour plus de simplicité une seule compagnie concessionnaire ; cette compagnie commencerait par exécuter avec ses propres capitaux l'aménagement des
eaux d'un de nos fleuves, puis elle l'exploiterait de
la manière la plus avantageuse possible au moyen de
taxes établies sous la surveillance de l'Etat et dont
le recouvrement serait fait comme en matière de contributions directes ; si les recettes, déduction faite des

dépenses, suffisaient pour donner au capital employé un intérêt convenable et fixé d'avance, cinq pour cent, par exemple, l'Etat ne donnerait rien ; si, au contraire, les recettes étaient insuffisantes, l'Etat ajouterait ce qu'il faudrait pour assurer aux capitaux de la compagnie un intérêt de cinq pour cent. Dans les premières années de l'exploitation d'un bassin hydrographique, l'Etat aurait probablement à fournir de fortes sommes, car il est à craindre que bien des cultivateurs, soit par ignorance, soit par calcul, soit pour d'autres causes ne veuillent pas utiliser les eaux mises à leur disposition ; mais, petit à petit, les eaux seront consommées et payées ; petit à petit, les chutes seront louées ; petit à petit, la navigation donnera des recettes, et il arrivera un moment où, non-seulement la compagnie concessionnaire n'aura plus rien à demander à l'Etat, mais où elle touchera plus de cinq pour cent, de telle sorte que si elle est concessionnaire de plusieurs bassins hydrographiques, les recettes nettes qui dépasseront cinq pour cent du capital, dans un bassin, pourront servir à atténuer la garantie de l'Etat pour les autres bassins. Ce que l'Etat aura à donner chaque année, est impossible à dire dès aujourd'hui, sa part contributive ne deviendra sérieuse qu'après l'achèvement des premiers travaux et il pourra la mesurer à ses ressources ; il suffira pour cela de n'entreprendre l'aménagement d'un fleuve que quand ceux aménagés donneront des revenus suffisants pour garantir avec l'annuité de l'Etat outre l'intérêt des capitaux dépensés, celui des capitaux à employer pour ce bassin. En opérant ainsi successivement pour chaque fleuve on mènera à bonne fin, plus ou moins rapidement, l'aménagement complet des eaux de France.

Le concours pécuniaire de l'Etat serait d'autant plus équitable que l'aménagement des eaux est loin de profiter à l'agriculture seule comme on pourrait l'objecter ; il est utile à tout le monde, nous l'avons déjà dit ; n'est-il pas certain en effet que ce grand travail aura pour résultat d'augmenter la production alimentaire de la France, et par suite, sinon de donner du moins de rendre possible à chacun de ses habitants la consommation d'une nourriture propre à lui assurer une vigoureuse existence, consommation impossible dans l'état actuel de notre agriculture, puisqu'elle ne produit ni assez de froment, ni assez de matières animalisées pour que chaque Français ait une part suffisante. N'est-il pas certain qu'avec l'augmentation des matières alimentaires le prix de la nourriture croîtra moins rapidement et peut-être diminuera ; s'il en est ainsi n'est-ce pas un bienfait énorme pour l'industrie et le commerce qui, disposant d'ouvriers bien nourris et à un prix convenable, pourront produire à bon marché et exporter. Sans l'aménagement des eaux, le prix des denrées alimentaires ira toujours en augmentant, tous les efforts, tous les progrès de l'industrie et du commerce suffiront à peine à payer les salaires qui croîtront sans cesse et dont le prix trop élevé finira par rendre impossible la concurrence avec l'étranger.

La baisse dans le prix de la nourriture, c'est la force donnée à l'industrie et au commerce, c'est l'aisance pour l'ouvrier et les petites bourses, c'est l'aisance générale si avec elle on a la paix et l'ordre qui permettent à tous de travailler. L'aménagement des eaux, c'est une force motrice immense mise à la disposition de l'industrie par la création de chutes sans nombre, chutes dont l'utilisation lui permettra de lutter avec avantage contre les pays les plus riches en combustible. L'aménagement des eaux, c'est aussi l'épargne française trouvant un placement de toute sécurité et de bon rapport, c'est l'épargne française employée à améliorer notre sol, au lieu d'aller, comme elle ne le fait que trop, chez les puissances étrangères se perdre, ou augmenter leurs forces au détriment de la nôtre.

Mais il y a encore d'autres motifs puissants pour justifier le concours pécuniaire de l'Etat dans l'exécution de l'aménagement des eaux : l'Etat est un grand consommateur, il a une puissante armée, une nombreuse cavalerie, une foule de fonctionnaires, d'employés de toutes sortes, il lui faut des masses énormes de draps, de cuirs, de poudre, de bois, de métaux, etc.; n'est-il pas, au point de vue exclusif de son énorme budget, grandement intéressé à ce que le prix des matières premières produites par l'agriculture soit aussi bas que possible ? N'est-il pas évident que les sommes qu'il donnera pour l'aménagement des eaux lui seront rendues et largement rendues :

1° par la diminution dans sa dépense relative à la

nourriture et l'entretien de l'armée, aux traitements de tous ses agents et à ses achats de toutes sortes; 2° par l'augmentation sur les contributions foncières et indirectes ainsi que sur les droits de mutation? L'Etat a donc un intérêt matériel certain à faire de grands sacrifices d'argent pour l'aménagement des eaux de France ; il y a aussi un intérêt politique considérable; sous tous les gouvernements la question alimentaire a une grande importance au point de vue de la tranquilité publique, car comme l'a dit le savant Liebig : « L'homme a un estomac qui lui réclame « deux ou trois fois par jour des aliments ; il faut les « lui donner sans quoi il est mécontent et commu- « nique facilement sa mauvaise humeur au cerveau « qui devient ingouvernable. » Cette vérité est surtout incontestable dans les démocraties où règne le suf- frage universel ; pour beaucoup d'électeurs la meil- leure politique est celle qu'ils croient la plus propre à leur donner le bien-être auquel ils aspirent ; à moins de circonstances exceptionnelles, ils déposent leur vote dans l'urne d'où ils espèrent voir sortir l'objet de leurs désirs ardents, journaliers: l'aisance ; il y a là pour les perturbateurs un moyen facile d'agiter la nation ; pour les combattre il faut éclairer cette na- tion et lui montrer qu'on la guide sur le chemin qui conduit à 'aisance, chemin que nous venons d'es- sayer de tracer à grands traits.

V.

Création de l'aménagement général des eaux de
France et d'une institution de Crédit agricole,
sans le concours pécuniaire de l'Etat, au moyen
d'une société générale d'assurances, prêts et
travaux agricoles.

Il faut nécessairement une institution de Crédit
agricole pour exécuter les petits canaux, les fossés,
les rigoles et autres travaux qui permettront aux cultivateurs d'utiliser convenablement les eaux mises à
leur portée par l'aménagement des eaux, pour faciliter l'emploi des engrais industriels, la création et
l'entretien de nombreux animaux. Peu nous importe
le moyen qu'on emploiera pour donner cette institution mais il est indispensable qu'on la donne. Nous
pensons que pour faciliter le crédit au cultivateur il
faut lui fournir le moyen d'assurer ses récoltes sur
pied contre la gelée et contre la grêle, ses récoltes
rentrées, son matériel, sa demeure, etc., contre l'incendie, et ses animaux contre la mortalité. Comme
une institution de crédit quelle qu'elle soit ne pourra
pas accepter toutes les compagnies d'assurances,
comme elle sera amenée probablement à en choisir
une seule, et peut-être à s'associer avec elle, il paraît
naturel de créer une société qui fera simultanément
des assurances et des prêts. Mais ce n'est pas tout,
cette compagnie d'assurances et de prêts, peut être
établie de manière à réaliser d'énormes bénéfices tout
en rendant de grands services à l'agriculture. Nous

avons pensé qu'on pourrait prendre sur ces bénéfices tout ce qui excèderait un intérêt convenu, soit six pour cent, par exemple, et le consacrer à l'aménagement des eaux de France.

On emploierait cette part de bénéfices, comme il a été dit précédemment pour l'annuité de l'Etat, c'est-à-dire à assurer aux capitaux consacrés à l'aménagement des eaux un intérêt équitable en attendant que les eaux puissent le donner elles-mêmes. Cette combinaison permet de créer l'aménagement général des eaux de France et le Crédit agricole sans demander à l'Etat son concours pécuniaire, au moyen d'une société générale d'assurances, prêts et travaux agricoles; mais pour faire comprendre comment on peut y parvenir, il faut entrer dans des développements que leur aridité nous oblige à rendre aussi courts que possible. La Société générale d'assurances, prêts, et travaux agricoles doit être à la fois :

1° Société d'assurances ;

2° Société de prê s agricoles ;

3° Société concessionnaire de l'aménagement général des eaux de France.

Comme société d'assurances, elle assurera :

Contre la grêle et la gelée, les récoltes sur pied.

Contre l'incendie, les récoltes rentrées, les bâtiments d'exploitations, le matériel, les animaux, et toutes sortes de constructions, tant dans les villes que dans les campagnes, y compris le contenu de ces constructions.

Enfin contre la mortalité, les diverses sortes d'animaux domestiques.

Comme société de prêts agricoles, elle prêtera aux agriculteurs pour acheter leurs semences, leurs engrais, leurs animaux, pour l'exécution de leurs petits canaux, fossés, rigoles ;

Pour leurs besoins divers, mais à très-courte échéance et sur nantissement.

De telle sorte que tous ses prêts dépassant trois mois d'échéance, seront faits pour des *améliorations agricoles exécutées* et non pour des besoins quelconques.

Comme société concessionnaire de l'aménagement général des eaux de France, elle sera chargée, sous la surveillance de l'Etat, de l'étude, de l'exécution et de l'exploitation de cette immense opération.

Sa création n'en est pas sans difficultés, cependant aucun obstacle invincible ne s'y oppose.

Occupons-nous d'abord des prêts.

L'agriculteur peut avoir besoin d'argent pour des motifs bien différents, mais il lui suffit de pouvoir emprunter pour quelques-unes de ses achats, car il emploiera ses ressources personnelles pour les dépenses qu'il ne pourra pas faire à crédit.

La société d'assurances, prêts et travaux agricoles ne lui prêtera que dans des conditions déterminées et suivant des formes arrêtées ; elle aura trois sortes de prêts qui, outre la solvabilité de l'emprunteur et l'hypothèque auront chacun une garantie spéciale.

1° *Prêt à trois mois d'échéance au plus :* ce prêt aura pour but principal de venir en aide au cultivateur qui sans le crédit serait obligé de vendre soit ses récoltes soit ses animaux, dans des conditions défavorables, il aura pour garantie spéciale soit les récoltes soit les animaux à vendre donnés en nantissement.

2° *Prêt à un an d'échéance au plus :* il aura pour but principal de faciliter l'achat des engrais, des semences et des animaux. Sa garantie spéciale sera fournie par un contrat établi dans l'esprit du bail à cheptel simple, c'est-à-dire, par un contrat dans lequel l'emprunteur déclarera qu'un certain nombre d'animaux qui sont chez lui, appartiennent à la société et qu'il les nourrit à telles conditions. Une nouvelle loi devra faciliter ce contrat en permettant de le faire à des conditions moins dures pour le preneur que celles édictées sar le bail à cheptel simple.

3° *Prêt à dix ans d'échéance au plus :* il aura pour objet de faciliter l'exécution des petits canaux, fossés et rigoles. Sa garantie spéciale sera tirée de l'article 2103 du code civil qui accorde un privilége au bailleur de fonds sur la plus-value donnée à une propriété par les travaux exécutés avec son argent; il aura en plus une garantie au moyen des animaux, comme dans le cas du prêt à un an d'échéance au plus.

Outre les garanties qui précèdent la société exigerait des emprunteurs que leurs récoltes, leurs ani-

maux, leurs maisons fussent assurés. Afin d'empêcher la vente clandestine des animaux laissés à
l'emprunteur, au nom de la société, et pour facililiter le nantissement au domicile de l'emprunteur,
donné au moyen soit de céréales soit d'animaux,
il y aurait lieu de faire une loi qui punirait sévèrement le détournement des objets donnés pour gage
des prêts.

De la sorte la société d'assurances, prêts et travaux agricoles aurait des garanties très-sérieuses ;
mais ce n'est pas tout, pour les prêts relatifs à l'achat des engrais, des semences, la société aura encore une garantie précieuse, celle des marchands
qui auront vendu les engrais ou les semences; c'est
au marchand que l'emprunteur souscrira un billet
à ordre, le marchand passera ce billet à l'ordre de
la société qui l'escomptera.

Pour les prêts de la troisième espèce, la société ne
prêtera que quand les travaux seront faits, et que le montant du privilége aura été fixé ; ce sera au propriétaire
et à l'entrepreneur de ces travaux à bien prendre leurs
mesures pour qu'il y ait une plus-value suffisante.

Ainsi donc la société pourra prêter avec sécurité
dans les limites que nous venons d'indiquer, et ces
limites paraissent suffisantes quoiqu'un an de crédit
pour les engrais soit un terme assez court; mais il
ne faut pas perdre de vue qu'il s'agit d'engrais industriels facilement assimilables et que l'agriculture
doit chercher à faire absorber par la première récolte autant que possible.

Mais ce n'est pas assez que de prêter avec sécurité, il faut que la société ait un bénéfice sérieux; et pour qu'il en soit ainsi, il faut qu'au nom de l'agriculture, elle profite dans une juste mesure du privilége qu'a la banque de France d'escompter le papier qu'elle accepte, avec ses billets et non avec du numéraire; dans ce but la société d'assurances, prêts et travaux agricoles, aurait le droit, sous la surveillance de l'Etat, d'émettre des obligations dont le montant n'excèderait pas la somme de ses prêts, payables avant un an, et qui, en outre, devraient être garanties par un dépôt spécial fait à la banque de France en valeurs de toute solidité, telles que, actions de la banque de France, bons du Trésor, obligations des grandes compagnies de chemins de fer, etc.. Ce dépôt devrait avoir une valeur au moins égale au tiers des obligations émises, et la banque de France serait obligée d'escompter ces obligations à un intérêt lui donnant un léger bénéfice, deux et demi pour cent, par exemple.

La banque de France réaliserait un gain dans cette combinaison et ne courrait aucun risque, car on pourrait fixer un maximum à ses avances, de façon à ne pas empêcher le paiement à vue du billet de banque; mais vu l'habitude que l'on a actuellement de se servir du billet de banque dans toutes les transactions, vu l'échéance très-rapprochée des obligations à escompter, il est permis de croire que la banque de France pourra faire des avances suffisantes à la société générale d'assurances, prêts et travaux agricoles, d'autant plus que le dépôt de cette Société permettrait à la banque de France, en cas de besoin, de réaliser une forte somme en numéraire; ce dépôt constitue en outre un gage qui, ajouté à toutes les créances de la Société d'assurances, prêts et travaux agricoles, à tout son capital pour assurances, prêts et exécution de l'aménagement des eaux, offre une sécurité absolue. De son côté, la Société d'assurances, prêts et travaux agricoles réaliserait sur ces prêts de gros bénéfices, puisque pour chaque prêt à cinq pour cent fait à l'agriculture, elle gagnerait deux et demi pour cent, et que par suite son capital déposé à la banque sous forme de titres, outre l'intérêt de cinq pour cent environ de ces titres, rapporterait deux à trois fois deux et demi pour cent, soit au moins cinq pour cent, ce qui ferait un bénéfice total d'au moins dix pour cent par an.

Pour renouveler le capital des prêts dont l'échéance peut atteindre dix ans, la Société émettrait des obligations privilégiées dont la valeur ne devrait pas dépasser celle des prêts et dont l'échéance devrait être au plus égale à celle des prêts correspondants. Ces obligations garanties par le privilège de la Société provenant des travaux exécutés, et par la Société d'assurances, prêts et travaux agricoles, se placeraient facilement à un faible intérêt. La Société exigerait pour ces prêts, outre l'amortissement et une commission annuelle, un intérêt lui laissant au moins un bénéfice de un pour cent sur chaque prêt, il en résulterait pour la Société un gros bénéfice annuel, car le montant des obligations pourrait sans danger atteindre dix fois le montant du capital affecté à ces sortes de prêts, le bénéfice serait donc de dix pour cent environ.

On voit qu'en opérant comme il vient d'être indiqué sommairement, la Société d'assurances, prêts et travaux agricoles pourrait facilement réaliser sur ses prêts un bénéfice de dix pour cent du capital affecté à ce genre d'opérations, tout en ne faisant payer qu'un intérêt de cinq pour cent pour ses prêts à courte échéance, et un intérêt de cinq à six pour cent pour ses prêts à longue échéance, suivant le taux auquel elle pourra placer ses obligations privilégiées. Passons maintenant aux assurances.

La Société générale d'assurances, prêts et travaux agricoles, faisant assurer tous ceux auxquels elle prêtera, aura forcément une grande clientèle, d'autant plus grande que tout le monde sera intéressé à son succès puisque son but est l'aisance générale, il sera à peu près impossible aux autres compagnies d'assurances de lui faire concurrence, de telle sorte que sa création serait très-probablement une cause de ruine pour les compagnies d'assurances qui existent aujourd'hui. Le gouvernement ne saurait donc l'autoriser dans les conditions où elle devrait fonctionner sans sauvegarder les intérêts des compagnies existantes. Ce qui nous paraît de mieux à faire c'est de donner de suite à la Société d'assurances, prêts et travaux agricoles, ce qu'elle saurait bien prendre avant peu de temps: le monopole des assurances, en lui imposant l'obligation d'indemniser les compagnies d'assurances qui existent ou mieux, de se fusionner avec elles. Les sociétés actuelles feraient apport de tous leurs capitaux et de toutes leurs affaires, sauf à fixer équitablement la part de chacune d'elles ; en opérant de la sorte on formerait de suite un fort capital pour la Société d'assurances, prêts et travaux agricoles, et on lui assurerait un bénéfice qui dès l'origine dépasserait la somme de tous les bénéfices des compagnies fusionnées puisque les primes d'assurances seraient égales à celles de ces compagnies et que les frais seraient moindres dans une forte proportion, car on supprimerait un grand nombre d'administrations et un grand nombre d'agents, sauf à les employer pour les autres besoins de la Société. Avec la nouvelle Société le nombre des assurances de toutes sortes augmenterait considérablement, par suite le bénéfice des assurances s'élèverait rapidement.

Ainsi donc les assurances et les prêts de la Société générale d'assurances, prêts et travaux agricoles lui permettraient de donner un bon dividende à ses actionnaires et en même temps de réserver une forte somme pour l'aménagement des eaux ; nous n'avons pas la prétention de pouvoir indiquer dès aujourd'hui quelle sera cette somme, mais en présence des bénéfices considérables que font les compagnies d'assurances qui existent, en présence de l'importance du Crédit agricole, nous sommes portés à penser qu'elle sera largement suffisante pour remplacer le concours pécuniaire de l'Etat et pour mener à bonne fin l'aménagement général des eaux de France dont il nous reste à examiner l'exécution.

Pour créer cette vaste opération, on ferait pour le premier bassin hydrographique à aménager, successivement l'avant-projet et le projet définitif de l'aménagement des eaux, comme nous l'avons dit antérieurement, avec cette différence que les dépenses, au lieu d'être à la charge de l'Etat, incomberaient à la Société générale d'assurances, prêts et travaux agricoles et que tout serait fait par ses agents sous la direction des ministères de l'agriculture et des travaux publics.

Le projet définitif adopté, il faut mettre la main à l'œuvre ; la Société a pour ressources le prélèvement annuel qu'elle fait sur les bénéfices des prêts et des assurances et les abonnements pour les eaux qu'elle a pu recueillir ; avec cela elle émet des actions, pour exécuter les travaux, de telle façon que le capital dépensé soit toujours certain d'avoir un intérêt suffisant ; elle fait ainsi l'aménagement du premier bassin hydrographique, elle l'exploite suivant son contrat avec l'Etat et lorsque ses revenus nets sont tels, qu'elle peut non-seulement payer l'intérêt de l'argent dépensé, mais encore disposer d'une somme annuelle assez forte, elle procède à l'aménagement du second bassin hydrographique en émettant pour cela des obligations hydrauliques garanties par les revenus du premier bassin hydrographique et par le capital de la Société ; en continuant de la sorte on arrivera à créer l'aménagement complet des eaux de la France. Lorsqu'il sera terminé et que les eaux donneront un dividende suffisant pour tous les capitaux employés en n'imposant aux usagers des eaux qu'une redevance équitable, les bénéfices de la Société générale d'assurances, prêts et travaux agricoles, seront ramenés à une juste limite, en lui imposant la diminution des primes d'assurances et la réduction de l'intérêt de l'argent prêté.

Ainsi, au moyen de cette Société générale d'assurances, prêts et travaux agricoles, on obtiendrait l'aménagement général des eaux de France et une institution de crédit agricole, sans réclamer à l'Etat son concours pécuniaire, en ne lui demandant que l'initiative, la direction et un contrôle consciencieux.

FIN.

www.ingramcontent.com/pod-product-compliance
Lightning Source LLC
LaVergne TN
LVHW011400170726
843501LV00006B/1940